#START: 111 Spiele für die Jugendarbeit

Daniel Seiler

Impressum

Bibliografische Information der Deutschen Nationalbibliothek:
Die Deutsche Nationalbibliothek verzeichnet diese Publikation
in der Deutschen Nationalbibliografie; detaillierte
bibliografische Daten sind im Internet über http://dnb.dnb.de
abrufbar.

© 2022 Daniel Seiler

Herstellung und Verlag: BoD – Books on Demand,
Norderstedt

ISBN: 9783755760658

Kennenlernspiele

Der Steckbrief

Altersempfehlung: ab 10 Jahren
Indoor oder Outdoor

Materialien:
- Papier
- Stifte

Zu Beginn bekommen die Teilnehmenden einen Zettel und einen Stift. Sie sollen nun eine kleine Biografie in Form eines Steckbriefs schreiben, also mit Namen, Wohnort, Alter, Hobbys und was ihr sonst noch als wichtig erachtet.

Haben dann alle ihren Steckbrief geschrieben, sammelt ihr diese ein, vermischt sie miteinander und die Kinder und Jugendlichen erhalten dann den Steckbrief eines anderen Spielenden. Sie müssen nun durch Gespräche, welche sie untereinander führen, die richtige Person zum richtigen Steckbrief finden.

Das Wollknäuel

Altersempfehlung: ab 6 Jahren
Indoor oder Outdoor

Materialien:
- ein Wollknäuel

Ihr stellt euch in einem Kreis auf. Irgendjemand
bekommt das Knäuel, nennt seinen Namen, stellt
einem Spieler eine Frage und wirft das Knäuel dann zu
einem anderen Mitspielenden. Dabei hält jedoch das
erste Kind das Ende des Knäuels in der Hand fest.
Das Kind, dem die Frage gestellt wurde, antwortet
darauf, nennt den eigenen Namen und stellt einem
anderen Kind eine Frage und wirft das Knäuel weiter.
So geht es dann weiter, bis das gesamte Knäuel
aufgebraucht wurde. Dabei wird das Netz so stramm
gehalten, dass man sich fast reinsetzen könnte.

Geburtstagsreihe

Altersempfehlung: ab 8 Jahren
Indoor oder Outdoor

Materialien:
- keine -

Die Kinder bekommen zur Aufgabe, sich nach ihrem Geburtstag zu sortieren. So müssen sich die Kinder in einer Reihe aufstellen und entsprechend sortieren und zwar von rechts nach links, sodass sie von Anfang bis Ende des Jahres gut sortiert sind. Dabei müssen sich die Spielenden über ihre Geburtstage austauschen, um die richtige Reihenfolge festzulegen, welche ihr zum Ende hin auf die Richtigkeit kontrolliert.

Tipp: Das Ganze kann man auch mit der Körpergröße, Schuhgröße oder auch Anfangsbuchstaben des Vornamens spielen.

Tiere

Altersempfehlung: ab 6 Jahren
Indoor oder Outdoor

Materialien:
- keine -

Dieses Spiel funktioniert ähnlich wie "Ich packe meinen Koffer". Allerdings müssen die Spielenden dabei ein Tier finden, was denselben Anfangsbuchstaben wie ihr Vorname hat. Also so: "Ich bin ein Marienkäfer und heiße Marie."
Das geht dann im Kreis reihum so weiter und die Kinder müssen dann der Reihe nach alle Tiere und Namen, welche zuvor genannt wurden, wiederholen.

Namen malen

Altersempfehlung: ab 8 Jahren
Indoor

Materialien:
- Zettel
- (Bunt-)Stifte

Alle Teilnehmenden bekommen von euch Blätter und
Stifte. Sie bekommen nun die Aufgabe, ihren Namen in
fetten Buchstaben zu malen, in denen noch Platz ist,
um etwas hinein zu malen. In diesen Buchstaben
dürfen dann Dinge gemalt werden
(Charaktereigenschaften, Hobbys, Lieblingstiere oder
die Lieblingsfarben), welche das Kind ausmachen.
Am Ende stellen dann alle ihre Kunstwerke vor und
erzählen den anderen, was sie in ihren Namen gemalt
haben und warum.

Hashtag

Altersempfehlung: ab 12 Jahre
Indoor oder Outdoor

Materialien:
- keine -

Ihr setzt euch zu Beginn in eine Kennlernrunde. Nun nennt jeder Jugendliche der Reihe nach den eigenen Namen und sagt dazu drei Hashtags, welche den Jugendlichen beschreiben. Also beispielsweise so: "Ich heiße Anna und meine Hashtags sind #Musik, #Tanzen und #Freunde treffen."
So erhalten die Teilnehmenden Gesprächsstoff für die anstehende Gruppenstunde.

Der Vortrag

Altersempfehlung: ab 14 Jahren
Indoor oder Outdoor

Materialien:
- Papierstreifen mit Gesprächsthemen

Zu Beginn der Kennlernrunde ziehen alle einen
Papierstreifen, auf dem ein Thema steht, z.B.
"Hobbys", "Corona" oder "Schuluniformen". Dann geht
es reihum. Die Person welche an der Reihe ist, sagt wie
sie heißt und erzählt etwas zu dem Thema, das
gezogen wurde. Entweder die Meinung zu dem Thema
oder aber wenn es Stichpunkte zur eigenen Person
sind, wird über sich selbst innerhalb einer Minute
geredet. So lernen die Jugendlichen einander gleich
besser kennen.

Ameisenbär

Altersempfehlung: ab 6 Jahren
Indoor

Materialien:
- Stühle

Bei diesem Spiel sitzen die Spielenden in einem Stuhlkreis. Eines der Kinder darf sich dann als Ameise vor die Tür stellen, während die anderen Teilnehmenden den Ameisenbär ernennen. Dann kommt das Kind rein und geht nun im Kreis reih um und fragt "Ich bin [Name des Kindes], bist ist du der Ameisenbär?" Wenn es nicht stimmt sagt die gefragte Person "Nein, ich bin [Name des Kindes]." Sobald die Ameise bei dem Ameisenbär angekommen ist sagt dieser dann "Ja, und ich werde dich jetzt fressen." Dann darf der Ameisenbär versuchen, die Ameise zu fangen, welche wiederum einmal im Kreis rennen und auf den Platz des Bären kommen muss. Schafft die Ameise es, ist nun der Ameisenbär die Ameise. Falls nicht, darf die Ameise entweder noch mal oder jemand Freiwilliges wird zur Ameise.

Schuhsalat

Altersempfehlung: ab 6 Jahren
Indoor

Materialien:
- die eigenen Schuhe

Alle Spielenden ziehen ihre Schuhe aus. Dann werden sie auf einen Haufen geworfen. Eines der Kinder beginnt, nimmt ein Schuhpärchen und stellt es vor eines der Kinder und dieses muss dann das nächste Pärchen vor ein anderes Kind stellen. Das geht dann so lange weiter, bis allen ein Paar zugeteilt wurde.
Die Paare die stimmen werden angezogen, die Schuhe, welche nicht richtig sortiert wurden, werden hingegen wieder in die Mitte geworfen. Das Spiel geht so lange weiter, bis alle ihre Schuhe wiederhaben.

Kennenlern-Bingo

Altersempfehlung: ab 8 Jahren
Indoor

Materialien:
- unterschiedliche Bingo-Bögen
- Stifte

Jedes Kind bekommt einen Bingo-Bogen, auf dem verschiedene Dinge stehen, z.B. ein Hobby, ein Alter, der Anfangsbuchstabe des Vornamens, ein Haustier usw. Die Teilnehmenden müssen nun mit den anderen ins Gespräch kommen und wenn sie jemanden finden, auf den eine Zusage auf dem Bingo-Feld zutrifft, wird darauf die Unterschrift gegeben. Sorgt dafür, dass die Bögen unterschiedlich sind, damit sich die Spielenden nicht gegenseitig die Personen "abschauen" können.

Eisbrecher

Klumpen

Altersempfehlung: ab 6 Jahren
Indoor oder Outdoor

Materialien:
- Musik

Die Kinder wuseln gerne zur Musik durch den Raum.
Tanzen, springen und umherlaufen sind dabei
erwünscht. Dann ruft einer von euch eine Zahl und die
Spielenden müssen nun versuchen, eine Gruppe mit
eben der Anzahl an anderen Teilnehmenden zu bilden.
Wenn Kinder übrig bleiben, bekommen sie in der
nächsten Runde sicherlich die Chance, eine Gruppe zu
bilden.

Tierlaute

Altersempfehlung: ab 8 Jahren
Indoor

Materialien:
- keine -

Sorgt dafür, dass ihr das Zimmer, in dem ihr euch befindet, später abdunkeln könnt. Zunächst werden die Spielenden in kleinen Gruppen von vier bis fünf Kindern eingeteilt. Jede Gruppe bekommt nun ein Tier zugewiesen. Macht es in eurem Gruppenraum dunkel und die Gruppen müssen versuchen, sich ausschließlich anhand der Tierlaute zu finden. Welche Gruppe als Erste vollständig ist, hat gewonnen.

Hosenboden

Altersempfehlung: ab 6 Jahren
Indoor/Outdoor

Materialien:
- Musik

Ihr lasst Musik laufen. Die Mitspielenden bewegen sich dazu rhythmisch und dürfen selbstverständlich auch mitsingen. Ihr stoppt irgendwann die Musik und die Kinder müssen sich so schnell sie können auf den Boden setzen. Wer es nicht rechtzeitig und als Letztes schafft, hat verloren und scheidet für die restliche Runde aus.

Post It!

Altersempfehlung: ab 10 Jahren
Indoor oder Outdoor

Materialien:
- Post Its
- Stifte

Die Gruppe läuft durcheinander und dabei hat jeder Teilnehmende mindestens ein Poste It auf dem Rücken kleben. Die anderen Kinder und Jugendlichen schreiben dann etwas Nettes auf die Poste Its der anderen. Sollte man sich noch nicht (so gut) kennen, kann auch etwas Nettes über die Kleidung oder das Erscheinungsbild geschrieben werden, wie z.B. "Du siehst sehr nett aus."

Der Fahrradschlauch

Altersempfehlung: ab 12 Jahren
Indoor oder Outdoor

Materialien:
- einen Fahrradschlauch

Einer der Spielenden beginnt, indem der Jugendliche sich in die Mitte des Fahrradschlauches stellt und diesen auf Hüfthöhe festhält. Nun kommen nach und nach die anderen Jugendlichen hinzu und müssen mit in die Mitte des Schlauches. Keine Sorge, er wird sich um einiges mit dehnen.
Wie viele Gruppenmitglieder finden letztendlich Platz in der Mitte des Fahrradschlauchs?

Der heiße Stuhl

Altersempfehlung: ab 14 Jahren
Indoor oder Outdoor

Materialien:
- ein Stuhl

Eine Person sitzt auf dem Stuhl, während sie von den anderen auf lustige Weise "verhört" wird. Dazu dürfen der Person eine beliebe Anzahl an Fragen gestellt werden, bis sie selbst "Stopp" sagt. Dann ist jemand anderes dran und wird von der Gruppe ausgefragt. Wichtig ist hierbei natürlich der Spaßfaktor. Macht es also nicht zu ernst, sondern lasst euch lustige Dinge einfallen, wie z.B. "Magst du Schokocreme auf dem Brot mit Butter?" o.Ä.

Der menschliche Knoten

Altersempfehlung: ab 8 Jahren
Indoor oder Outdoor

Materialien:
- keine -

Die Kinder versammeln sich in der Mitte des Raums und laufen für einige Sekunden wirr durcheinander. Dann müssen sie sich so durcheinander wie nur irgendwie möglich an den Händen fassen. Nun beginnt der lustige Teil des Spiels: Die Spielenden müssen nun nämlich versuchen, sich zu befreien. Ihr werdet sehen, dass das nicht immer so einfach ist und dabei durchaus lustige Situationen entstehen werden.

Zeitungsschlag

Altersempfehlung: ab 10 Jahren
Indoor

Materialien:
- Stühle
- eine zusammengerollte Zeitung

Es ist ein Stuhlkreis aufgebaut, in dem für jeden Mitspielenden bis auf einen ein Platz zur Verfügung steht. In der Mitte steht ein weiterer Stuhl, auf dem eine zusammengerollte Zeitung liegt. Eines der Kinder geht in die Mitte und sobald die Zeitung aufgehoben wird, müssen die anderen die Stühle wechseln. In der Zeit muss der Spielende aus der Mitte versuchen, ein anderes Teammitglied mit der Zeitung schlagen.
Gelingt dies, muss dieses Teammitglied nun in die Mitte und ist an der Reihe.
Geschlagen wird nur mit der Zeitung und nur auf dem Körper, dass Gesicht und der Kopf sind hierbei strikt tabu!

Gemeinsamkeiten

Altersempfehlung: ab 6 Jahren
Indoor

Materialien:
- großes Plakat
- Stifte

Bei diesem Eisbrecherspiel setzen sich alle in einer
gemütlichen Runde zusammen. Ihr steht dabei vor den
Kindern und habt ein Plakat aufgehängt. Auf diesem
darf nun eines der Kinder beginnen, eine Sache
aufzuschreiben, dass es z.B. mag, eine
Charaktereigenschaft oder auch das Alter sind möglich.
Nun dürfen sich alle Kinder melden, die das auch
hätten schreiben können und ihr macht darunter eine
kleine Strichliste. Das geht nun immer so weiter, bis
jeder Teilnehmende einmal eine Sache aufschreiben
durften. Bei jüngeren Spielenden dürft ihr das
Schreiben natürlich gern übernehmen.
Worin liegen die meisten Gemeinsamkeiten?

Au ja!

Altersempfehlung: ab 8 Jahren
Indoor oder Outdoor

Materialien:
- keine -

Bei diesem Spiel darf eines der Kinder anfangen und vorschlagen, was ihm alle anderen nachmachen sollen, z.B. auf einem Bein hüpfen. Darauf hin rufen alle anderen "Au ja!" und machen es ihm nach. Wird es jemandem zu langweilig, schlägt er etwas anderes vor, macht es vor und die anderen rufen wieder "Au ja!" und machen es nun diesem Kind nach. Das Ganze geht mindestens so lange, bis alle aus der Puste und aufgelockert sind.

Naturspiele

Natur-Merkspiel

Altersempfehlung: ab 8 Jahren
Outdoor

Materialien:
- ein Tuch

Geht zunächst zusammen nach draußen, z.B. in einen Wald. Nun breitet ihr auf einem Tuch verschiedene Gegenstände aus, die es in eurer Nähe gibt, z.B. einen Stein, einen Ast, Moos, Blätter eines bestimmten Baumes, Kastanien usw.
Die Kinder werden nun in kleinen Gruppen (2-3er Teams) eingeteilt, müssen sich die Gegenstände auf dem Tuch genau merken und in der Umgebung ähnliche Naturgegenstände finden. Die Gruppe, welche alle Gegenstände in kürzester Zeit gefunden hat, gewinnt.

Zapfenhüpfen

Altersempfehlung: ab 6 Jahren
Indoor/Outdoor

Materialien:
- einen Tannenzapfen
- eine lange, gut sichtbare Schnur

Ihr bindet einen Tannenzapfen an eine lange Schnur.
Dann stellt ihr euch in einen Kreis auf und lasst die
Schnur mit dem Zapfen nach außen über den Boden
im Kreis fliegen. Die anderen Spielenden müssen über
den Zapfen hüpfen und dürfen sich nicht treffen
lassen. Wer doch getroffen wird, weil nicht rechtzeitig
gesprungen wird, scheidet für diese Runde aus.
Wer von euch wird der Zapfenkönig oder die
Zapfenkönigin?

Naturgemälde

Altersempfehlung: ab 10 Jahren
Outdoor

Materialien:
- Naturprodukte

Anstatt mit Papier und Stiften ein Gemälde zu malen, geht ihr mit den Teilnehmenden hinaus in die Natur. Hier bekommen sie die Aufgabe, dass alle für sich allein ein Gemälde aus verschiedenen Erzeugnissen der Natur zu gestalten. Natürlich darf die Natur dabei nicht gestört oder sogar zerstört werden.
Am Ende wird das Ganze wie eine Museumstour ablaufen und ihr schaut euch nach und nach die Gemälde der anderen an.

Tipp: Ihr könnt euch auch absprechen, uns aus den vielen Gemälden eine ganze Geschichte entstehen lassen.

Ameisenfalle

Altersempfehlung: ab 12 Jahren
Outdoor

Materialien:
- eine Augenbinde
- eine Sprühflasche mit Wasser

Stellt euch in der Natur (am besten mit geräuschvollem Untergrund) in einen Kreis auf. In der Mitte steht nun die Ameise, welche die Augen verbunden bekommt. Außerdem bekommt diese eine Sprühflasche mit Wasser in die Hand. Nun dürfen die anderen Teilnehmenden versuchen, sich an die Ameise anzuschleichen und sie zu berühren. Bemerkt die Ameise dies, darf sie den oder die Angreifer*in mit Wasser besprühen und das Kind scheidet aus der Runde aus. Bemerkt die Ameise dies jedoch nicht und wird abgeklatscht, so ist dieses Kind nun an der Reihe, die Ameise zu spielen.

Verständnis der Natur

Altersempfehlung: ab 14 Jahren
Outdoor

Materialien:
- Zettel
- Stifte
- Lexika heimischer Pflanzen

Die Jugendlichen bekommen bei dieser Methode die Gelegenheit, mehr über ihre Heimatpflanzen kennenzulernen. Geht dazu in die Natur und verteilt Zettel und Stifte an alle. Dann tun sich die Jugendlichen in kleinen Gruppen zusammen, suchen sich irgendwo in diesem Gebiet, in dem ihr euch befindet, eine Pflanze und schlagt sie in einem Lexikon nach. Dann wird dazu ein kleines Quiz erstellt, welches so aufgebaut wird, dass die anderen Teilnehmenden anhand der Informationen herausfinden müssen, um welche Pflanze es sich in dem Quiz handelt.
Führt das Quiz am Ende mit allen Spielenden durch. Welche Gruppe errät die meisten Pflanzenarten?

Das Baumtelefon

Altersempfehlung: ab 6 Jahren
Indoor/Outdoor

Materialien:
- Baumstämme

Geht gemeinsam an einen Ort, an dem es viele
Baumstämme gibt. Ideal geeignet ist dafür natürlich
ein Wald. Nun tun sich die Kinder zu zweit zusammen
und suchen nach einem langen Baumstamm. Fordert
sie auf, ihr Ohr an den Stamm zu halten, wobei der
eine Teilnehmende Geräusche macht, z.B. auf den
Stamm klopft, schnippst oder mit den Fingernägeln
daran vorsichtig kratzt. Wie hört sich das Geräusch
durch den Stamm an?
Entwickelt doch eure eigenen Signale um euch über
einen Baumstamm zu verständigen, z.B. dreimal
klopfen für ein "Hallo".

Die blinde Raupe

Altersempfehlung: ab 8 Jahren
Outdoor

Materialien:
- so viele Augenbinden wie Teilnehmende

Geht in die Natur und zieht eure Schuhe und Socken aus. Nun stellt ihr euch wie in einer Karawane hintereinander und verbindet euch die Augen bis auf den Vordermann oder die Vorderfrau. Streckt eure Arme nach vorne und legt eure Hände auf die Schultern eures Vordermanns oder eurer Vorderfrau. Der Marsch durch die Natur beginnt nun und ihr seid still, während ihr den Untergrund an euren nackten Füßen spürt.
Nur die Person am Anfang der Karawane kann sehen und führt die Gruppe durch die Natur. Gerne darf dabei die Person zwischendurch eingewechselt werden.

Stock erraten

Altersempfehlung: ab 8 Jahren
Outdoor

Materialien:
- Stöcke

Geht in die Natur und sucht euch verschiedene
Stöcker. Die Spielenden prägen sich nun die äußeren
Merkmale und Eigenschaften gut ein. Jetzt stellt ihr
euch in einen Kreis, schließt die Augen und gebt die
Stöcker immer weiter nach links. Dabei vertauscht ihr
als leitende Personen der Gruppe die Reihenfolge
immer mal wieder. Sobald ein Kind denkt, es hat
seinen Stock wieder, darf es die Augen öffnen.
Schafft ihr eine Runde, in der alle den eigenen Stock
wieder bekommen?

Bäume lauschen

Altersempfehlung: ab 6 Jahren
Outdoor

Materialien:
- mindestens ein Stethoskop
- Reinigungstücher

Sucht euch einen Ort, an dem es viele Bäume mit vieler dünner Rinde gibt. Nun steckt ihr euch die Ohroliven des Stethoskops in die Ohren und haltet das andere Ende an den Baum. Könnt ihr hören, wie es knistert und rauscht? Wechselt euch untereinander ab und horcht an verschiedenen Bäumen. Reinigt die Oliven bestmöglich nach jedem Gebrauch.

Tipp: Besonders gut kann man die Geräusche im Frühling hören. Außerdem könnt ihr mit mehreren Stethoskopen auch einen kleinen Wettbewerb machen: Wer den lautesten Baum findet, gewinnt.

Spinnennetz

Altersempfehlung: ab 6 Jahren
Outdoor

Materialien:
- Wollfäden

Geht zu einem Ort, an dem es viele Bäume gibt. Dort spannt ihr nun zwischen diese Bäume viele Netze aus verschiedenen Wollfäden jedoch so, dass die Spielenden noch hindurch kommen. Gestaltet dies wie eine Art Parcours und spielt am Ende, dass ihr Insekten seid, die sich durch diesen Parcours kämpfen müssen. Dabei dürft ihr als Insekten natürlich nicht das Netz berühren, andernfalls habt ihr verloren und scheidet für den Rest der Runde aus. Wer bleibt zuletzt übrig und kann sich immer wieder unbeschadet durch den Parcours kämpfen?

Tipp: Um die Schwierigkeit zu erhöhen, dürft ihr auch gerne eine Spinne, also jemanden, der die anderen fängt, mit ins Spiel bringen.

Hausspiele

Verkehrte Kalbsbrust

Altersempfehlung: ab 10 Jahren
Indoor

Materialien:
- Tafel/ Whiteboard/ großes Plakat

Ihr sucht euch zusammen ein Wort aus, welches ihr
zusammen auf eine Tafel (oder etwas ähnlichem) von
oben nach unten Buchstabe für Buchstabe schreibt.
Dann schreibt ihr etwas weiter recht das gleiche Wort,
allerdings von unten nach oben. In der Mitte zwischen
den beiden Wörtern sollte so viel Platz sein, dass ihr
noch Buchstaben hineinschreiben könnt. Ihr müsst nun
nämlich zusammen Wörter finden, bei dem der
Anfangsbuchstabe und auch der letzte Buchstabe
passen.
Findet ihr zu jeder Zeile ein passendes Wort?

Münzen schnipsen

Altersempfehlung: ab 8 Jahren
Indoor

Materialien:
- 11 Münzen

Baut einen Turm von Münzen, der ca. 10 Münzen hoch ist. Mit einer elften Münze versucht ihr nun der Reihe nach, die unterste Münze des Turms raus zu schnipsen. Diese wird dann wieder auf dem Turm gestapelt. Bei wem der Turm als Erstes einstürzt, hat verloren.

Haus-Basketball

Altersempfehlung: ab 6 Jahren
Indoor/Outdoor

Materialien:
- Papierkorb (o.Ä.)
- weicher Ball

Ihr stellt einen (Papier-)Korb auf die Höhe, in der die Kinder eurer Gruppe es schaffen, hinzuwerfen. Dann wird von einem bestimmten Punkt aus versucht, ein Korb zu werfen. Die Spielenden rotieren dabei durch. Wurde ein Korb geworfen, darf an der Seite Platz genommen werden. Das geht so lange, bis alle Teilnehmenden einmal einen Korb geworfen haben.

Tipp: Als Alternative könnt ihr den Korb auch auf den Boden stellen und die Spielenden müssen versuchen, den Ball mit ihren Füßen in den Korb zu befördern.

Das Holzstapelspiel

Altersempfehlung: ab 12 Jahren
Indoor

Materialien:
- Holzklötze in gleicher Form und Größe mit lustigen Aufgaben darauf

Vermutlich kennt ihr das Spiel. Ihr baut aus gleichgroßen Holzklötzen einen Turm und müsst nach und nach versuchen, einzelne Hölzchen herauszuziehen. Allerdings gibt es bei dieser Variante eine andere Regeln: Denn auf jedem Stein, der herausgezogen wird, steht für die spielenden eine altersgerechte Herausforderung, die sie erfüllen müssen. Gelingt dies nicht, müssen sie noch einen Stein ziehen.
Der Rest wird wie das übliche Spiel gespielt: Gezogene Steine werden anschließend auf den Turm drauf gelegt und wer den Turm zum Einsturz bringt, hat verloren.

Stadt, Land, Idiot

Altersempfehlung: ab 14 Jahren
Indoor

Materialien:
- Zettel
- Stifte

Ihr spielt gemeinsam das Spiel "Stadt, Land, Idiot".
Dabei bekommen alle einen Zettel und einen Stift. Auf
dieser malt ihr eine Tabelle, ähnlich wie bei "Stadt,
Land, Fluss". Allerdings nehmt ihr andere, ganz
verrückte Kategorien, die vielleicht auch erst für
Jugendliche geeignet sind, z.B. "Unpassende Orte für
den ersten Kuss" oder Ähnliches. Stimmt das Spiel auf
das Interesse der Kinder ab.

Gegenstände kegeln

Altersempfehlung: ab 6 Jahren
Indoor

Materialien:
- Gegenstände im Haus zum umkegeln
- drei Bälle

Sucht in dem Haus, in dem ihr euch befindet, nach
Gegenständen, die sich dazu eignen, umgekegelt zu
werden, z.B. leere Verpackungen, Klopapierrollen,
leere Plastikflaschen usw. Jeder Spielende bekommt
nun drei Versuche, alle Kegel umzustoßen. Wem
gelingt es und wird Kegelmeister oder Kegelmeisterin
des heutigen Tages?

Schattentheater

Altersempfehlung: ab 8 Jahren
Indoor

Materialien:
- Pappe
- Stifte
- Scheren
- Holzspieße
- Klebeband

Malt und schneidet lustige Figuren und Landschaften aus, klebt sie mit Klebeband auf Holzspieße und veranstaltet mit den passenden Lichtverhältnissen ein eigenes Schattentheater mit euren eigens kreierten Geschichten. Alternativ könnt ihr hier auch einfach improvisieren und die Teilnehmenden die Geschichten weiter erfinden lassen, während sie diese schon spielen.

Gemeinsame Reise nach Jerusalem

Altersempfehlung: ab 8 Jahren
Indoor

Materialien:
- Stühle
- Musik

Ihr stellt wie bei dem normalen Spielablauf "Die Reise nach Jerusalem" Stühle auf, aber immer einen weniger, wie es Teilnehmende gibt. Wenn die Musik stoppt, müssen sich alle einen Platz suchen. Das ist nun anders, denn die Kinder müssen alle einen Platz bekommen und sich gegenseitig auf die Stühle helfen. Deshalb wird nach jeder Runde zwar ein Stuhl entfernt, aber die Kinder scheiden nicht einzeln, sondern wenn, dann alle zusammen aus und zwar, wenn ein Spielender es nicht innerhalb 10 Sekunden schafft, sich mit den anderen auf die Stühle zu retten. Fußboden berühren ist dabei übrigens verboten.

Papierflieger-Wettfliegen

Altersempfehlung: ab 6 Jahren
Indoor

Materialien:
- Papier
- große Plakatwand mit Löchern darin, durch die
Papierflieger passen

Bastelt zusammen Papierflieger und lasst sie um die
Wette fliegen, allerdings nicht auf normalem Wege,
sondern durch eine Zielscheiben-Wand. Dafür nehmt
ihr euch eine große Pappwand und schneidet zunächst
Löcher hinein, über die ihr Punktezahlen schreibt. Der
Spielende mit den meisten Punkten hat das
Wettfliegen gewonnen.

Catch the Flag

Altersempfehlung: ab 10 Jahren
Indoor/Outdoor

Materialien:
- zwei Flaggen mit unterschiedlichen Farben
- ein Papierarmband pro Kind

Ihr teilt die Gruppe in zwei Teams auf. Jedes Team bekommt eine Farbe zugeteilt und dazu passende Armbänder und eine Flagge. Ein möglichst großer Bereich wird in zwei geteilt und die Flaggen werden gut sichtbar, aber ebenso gut geschützt platziert. Nun beginnt der Wettkampf, denn die gegnerische Flagge muss in die eigene Basis gebracht werden. Dabei tragen die Kinder und Jugendlichen Armbänder aus Papier. Wird dieses Armband vom Gegnerteam abgerissen, muss das Kind ins Gefängnis und dort abwarten, bis die nächste Runde beginnt.

Sardinenbüchse

Altersempfehlung: ab 8 Jahren
Indoor

Materialien:
- keine -

Ein Spielender spielt einen Fischer, während die anderen Gruppenmitglieder Sardinen sind. Der*Die Fischer*in geht aus dem Raum, die Sardinen verstecken sich und das Zimmer wird abgedunkelt. Dann muss die Person, welche den oder die Fischer*in spielt, die Sardinen suchen.
Meint der Spielende, er habe alle seine Sardinen gefunden, wird das Licht angemacht. Liegt der Spielende nun richtig, hat er gewonnen, liegt er jedoch falsch, hat er diese Runde leider verloren.

Wettkampf-Spiele

Krabbenfußball

Altersempfehlung: ab 8 Jahren
Indoor

Materialien:
- ein Fußball

Teilt die Gruppe in zwei Teams auf. Das Spiel wird wie normales Fußball auch gespielt, allerdings dürfen die Spielenden dabei nur wie eine Krabbe laufen, also auf Händen und Füßen mit dem Rücken zum Boden. Erzielt Tore, um das Spiel "Krabbenfußball" für euch zu entscheiden und zu gewinnen.

Federball treffen

Altersempfehlung: ab 14 Jahren
Outdoor

Materialien:
- Federballschläger
- ein oder mehrere Federbälle

Hierbei spielen alle gegeneinander. Das bedeutet also, dass alle einen Federballschläger bekommen. Ein Jugendlicher beginnt, wirft den Federball hoch, muss ihn selbst einmal treffen und dabei zu einem anderen Spielenden schlagen, während er noch dessen Namen ruft. Dieser Teilnehmende nimmt dann den Ball entgegen und schlägt ihn ebenfalls zu jemand anderen weiter, während der Name gerufen wird. Gelingt dies nicht, scheidet die Person aus, die den Federball nicht entgegennehmen konnte. Wer bleibt als Letztes übrig und gewinnt damit den Wettkampf?

Eiswürfellauf

Altersempfehlung: ab 6 Jahren
Outdoor

Materialien:
- gleichgroße Eiswürfel

Eure Gruppe wird in mindestens zwei Teams
aufgeteilt. Jedes Team bekommt hierbei einen
Eiswürfel und jedes Mitglied muss jeweils z.B. eine
Runde um ein Spielfeld oder ein Gebäude laufen. Dann
wird der Eiswürfel an das nächste Teammitglied
weitergegeben und dieser Spielende muss nun die
Runde laufen usw. Das Ganze geht so lange, bis der
Eiswürfel ganz geschmolzen ist. Das Team mit den
meisten Runden gewinnt.

Wassertransporter

Altersempfehlung: ab 6 Jahre
Outdoor

Materialien:
- Eimer mit Wasser
- Schwämme

Die Kinder werden in zwei Teams aufgeteilt. Jedes Team bekommt einmal einen Eimer mit und einmal einen Eimer ohne Wasser. Diese sollten möglichst weit auseinanderstehen. Nun bekommt jeder Spielende einen Schwamm. Ausschließlich mit den Schwämmen muss nun das Wasser von dem einen Eimer in den anderen transportiert werden. Das Team, welches am schnellsten fertig ist und das meiste Wasser in dem zuvor leeren Eimer hat, gewinnt.

Der fliegende Teppich

Altersempfehlung: ab 10 Jahren
Indoor

Materialien:
- große Decken

Die Kinder werden in Viererteams aufgeteilt. Jedes Team erhält eine Decke und muss eine bestimmte Strecke in einer bestimmten Zeit zurücklegen. Dabei müssen die Spielenden auf der Decke (dem fliegenden Teppich) bleiben und dürfen den Boden hierbei nicht berühren. Welches Team schafft es als Erstes ins Ziel?

Schwimmflossen-Wettrennen

Altersempfehlung: ab 12 Jahren
Indoor oder Outdoor

Materialien:
- Schwimmflossen
- Gegenstände für einen Parcours

Baut gemeinsam einen Parcours auf. Nun bekommt jeder Teilnehmende ein Schwimmflossenpaar und muss diesen Parcours durchlaufen. Wer es als Erstes ins Ziel schafft, hat gewonnen.

Tipp: Hier könnt ihr auch Teams bilden und die Spielenden wechseln sich dann über bestimmte Abschnitte des Parcours ab. Lustig wird es besonders, wenn dann noch Flossen weitergegeben bzw. getauscht werden müssen.

Bus-Bingo-Wettkampf

Altersempfehlung: ab 8 Jahren
Outdoor

Materialien:
- Bingo-Bogen
- Stifte

Ihr fahrt gemeinsam Bus und verteilt während der Fahrt Bingo-Bögen an die Teilnehmenden. Darauf sind bestimmte Dinge oder auch bestimmte Kennzeichen abgebildet. Sieht jemand der Teilnehmenden etwas auf dem Bingo-Bogen, darf dies angekreuzt oder mit einem Kringel versehen werden. Wer erzielt als Erstes ein Bingo und gewinnt damit den Bus-Bingo-Wettkampf?

Tipp: Dieses Spiel eignet sich vor allem wegen der wenigen Materialien besonders gut, um z.B. eine Fahrt zu einem Ziel lustig und aufregend zu gestalten.

Schere-Stein-Papier

Altersempfehlung: ab 10 Jahren
Indoor oder Outdoor

Materialien:
- Hula-Hoop-Reifen

Die Gruppe wird in zwei Teams aufgeteilt und stellt sich in einer Schlange jeweils an die eine Seite des Raums, sodass sie sich gegenüberstehen. Zwischen diesen beiden Teams werden nun auf dem Boden beliebig viele Hula-Hoop-Reifen platziert. Die ersten Kinder jedes Teams laufen los, dürfen dabei aber nur die Innenfläche der Reifen nutzen, bis sie voreinander stehen. Dann wird Schwere-Stein-Papier gespielt und wer verliert, muss zurück zu seiner Gruppe und der Gewinner darf weiter voran, während die nächste Person aus der Schlange des Verliererteams wieder loslaufen darf. So geht das Spiel dann weiter, bis eine Gruppe es geschafft hat, auf die andere Seite zu kommen. Dieses Team hat dann gewonnen.

Tischtennisball pusten

Altersempfehlung: ab 8 Jahren
Indoor

Materialien:
- ein Tischtennisball
- zwei Tore

Hierbei wird die Gruppe in zwei Teams aufgeteilt. Alle Teilnehmenden legen sich dabei auf den Bauch und verteilen sich auf den Boden. Der Tischtennisball kommt in die Mitte und auf "Los!" geht es los. Nur durch Pusten darf der Tischtennisball bewegt und in das gegnerische Tor befördert werden.
Ihr zählt natürlich die Tore und das Team mit den meisten Toren gewinnt.

Luftballonschlange

Altersempfehlung: ab 14 Jahren
Indoor oder Outdoor

Materialien:
- Luftballons (mit dem Mund aufblasbar)
- zwei lange Seile

Die Gruppe wird in zwei Teams aufgeteilt. Jedes Team
erhält dann eine von euch festgelegte Anzahl an
Ballons. Alle Ballons müssen aufgepustet und an das
Seil gebunden werden. Wie die Jugendlichen dies
machen, liegt in ihrer Hand. Es geht um Schnelligkeit
und Teamarbeit in diesem Wettkampf. Es ist also
Köpfchen gefragt, wenn die Teamtaktik überlegt und
durchgeführt wird, um als Erstes mit der
Luftballonschlange fertig zu sein.

Kommunikationsspiele

Sabbelstrippe

Altersempfehlung: ab 8 Jahren
Indoor oder Outdoor

Materialien:
- Stühle

Ihr setzt euch mit den Spielenden in einem Stuhlkreis zusammen. Dann müssen sich zwei gegenübersitzende Personen etwas ohne Pause erzählen, völlig egal, um was es dabei geht. Kommt einer der Teilnehmenden dabei ins Stocken, hat der andere gewonnen und muss gegen jemand anderen antreten. Das geht so lange, bis möglichst einmal alle dran waren.
Wer ist die Sabbelstrippe eurer Gruppe?

Ich hab noch nie ...

Altersempfehlung: ab 12 Jahren
Indoor

Materialien:
- Stühle

Die Kinder setzen sich in einen Stuhlkreis. Dann
beginnt einer der Teilnehmenden, welcher in der Mitte
steht und keinen eigenen Stuhl hat, mit dem Satz "Ich
habe noch nie [beliebige Sache einfügen]." Alle, die
dies aber schon einmal gemacht haben, müssen nun
aufstehen und schnell untereinander die Plätze
wechseln. Die Person aus der Mitte muss sich dabei
auch einen Platz ergattern. Der Spielende welcher
überbleibt, ist als Nächstes mit einer "Ich hab noch nie
..." Frage dran.

Das Ende der Geschichte

Altersempfehlung: ab 14 Jahren
Indoor oder Outdoor

Materialien:
- keine -

Setzt euch in einer gemütlichen Runde zusammen.
Eine leitende Person der Gruppe erzählt eine
Geschichte außer das Ende. Dieses müssen die
Teilnehmenden durch Ja- und Nein-Fragen
herausfinden. Schafft ihr es, innerhalb einer
bestimmten Zeit die Geschichte zum Ende zu bringen
und herauszufinden, wie die Story abgeschlossen
wird?

Bewegung raten

Altersempfehlung: ab 10 Jahren
Indoor

Materialien:
- keine -

Eine Person der Gruppe geht vor die Tür. Die anderen
Teilnehmenden überlegen sich eine bestimmte
Bewegung, z.B. der linke Arm auf dem rechten Knie.
Dann wird das Kind vor der Tür wieder hineingebeten.
Dieses muss nun überlegen und ausprobieren, welche
Bewegung sich überlegt wurde. Je nachdem, ob es den
Bewegungen näher kommt oder nicht, sagen die
anderen Spielenden "kalt" oder "warm". Sobald die
Bewegung erraten wurde, wird getauscht.

Tipp: Sollte dies zu schwer sein, können die anderen
immer mal wieder heimlich und möglichst unauffällig
die besprochene Bewegung durchführen.
Andersherum, also wenn dieser Variation zu einfach
ist, können sich von den Teilnehmenden auch ganze
Bewegungsabläufe ausgedacht werden.

Marktschreier

Altersempfehlung: ab 12 Jahren
Indoor

Materialien:
- keine -

Hierbei wird es etwas lauter. Zwei Teilnehmende
stehen sich mit etwas Abstand gegenüber und werben
beide für ein bestimmtes Produkt, eben wie auf einem
Markt. Dabei müssen sie beide (mit etwas mehr
Lautstärke, aber nicht übertrieben) ca. eine Minute
lang reden. Wer es nicht schafft, verliert.
Im Anschluss besprecht ihr dann die Schwierigkeiten
und habt einen guten Übergang, allgemein über
Kommunikationsregeln, gerne auch innerhalb eurer
Gruppe, zu reden.

Kartenstücke

Altersempfehlung: ab 8 Jahren
Indoor oder Outdoor

Materialien:
- zerschnittene Karten
- Briefumschläge

Teilt eure Gruppe in einzelne Teams mit jeweils drei
bis vier Spielenden ein, sodass mindestens drei Teams
entstehen. Jedes Team erhält einen Umschlag mit
zerschnittenen Karten und muss mit den anderen
Teams tauschen und verhandeln, um die eigenen
Karten möglichst zu vervollständigen. Wer die meisten
vervollständigten Karten hat, gewinnt.

Gegenstand holen

Altersempfehlung: ab 10 Jahren
Indoor

Materialien:
- verschiedene Gegenstände
- Augenbinden

Die Teilnehmenden tun sich zu zweit zusammen. Ein Teammitglied verbindet sich die Augen, das andere muss dirigieren. In der Mitte des Raums liegen verschiedene Gegenstände, die geholt werden müssen. Dann kann es auch schon losgehen. Das Kind mit der Augenbinde muss mithilfe seines Partners in die Mitte gelangen und den Gegenstand suchen und wieder zurückbringen. Legt gerne auch die Anzahl an Gegenständen fest, die insgesamt jedes Team geholt haben muss. Welches Team als erstes durch ist, gewinnt.

Missverständnis

Altersempfehlung: ab 6 Jahren
Indoor

Materialien:
- Gegenstände
- Papier
- Stifte

Für dieses Spiel setzen sich zwei Kinder Rücken an Rücken aneinander. Eines der Kinder bekommt einen Gegenstand und muss es dem anderen Kind genau beschreiben. Dieses muss dabei versuchen, den beschriebenen Gegenstand auf ein Blatt Papier zu malen.

Tipp: Je nach Alter wird die Schwierigkeit und Komplexität des Gegenstands ausgesucht.

Finde das Wort

Altersempfehlung: ab 12 Jahren
Indoor

Materialien:
- vorbereitete Karten mit Begriffen darauf

Bei diesem Spiel wird die Gruppe in Teams aufgeteilt, sodass jedes Team aus mindestens 2 Personen besteht. Dann ist jedes Team der Reihe nach dran: Eine Person bekommt auf einem Zettel ein Wort, das diese Person beschreiben muss und auf der Karte stehen dabei zusätzlich Begriffe, die nicht genutzt werden dürfen, anderenfalls ist die Karte und damit der Punkt verloren.
Das geht dann reih um und die Kinder müssen den Begriff jeweils innerhalb von zwei Minuten erraten haben.
Das Team mit den meisten Punkten gewinnt.

Das Viereck

Altersempfehlung: ab 10 Jahren
Indoor/Outdoor

Materialien:
- gleichlange Seile
- Augenbinden

Teilt eure Meute in Gruppen auf, welche aus jeweils
vier Personen bestehen sollten. Dann bekommt jede
Gruppe ein Seil und jeder Teilnehmende eine
Augenbinde. Die Augen werden nun verbunden und
ihr gebt eine Form vor (z.B. ein Kreis, ein Dreieck, ein
Viereck), welche die Kinder mithilfe von dem Seil und
Kommunikation formen müssen. Dabei muss jedes
Teammitglied möglichst beteiligt sein.

Kooperationsspiele

Der Reifen

Altersempfehlung: ab 8 Jahren
Indoor oder Outdoor

Materialien:
- ein Hula-Hoop-Reifen

Alle Teilnehmenden nehmen sich für dieses Spiel an die Hände. Zwischen zwei Teilnehmenden wird dann aber noch ein Reifen "gehangen". Dann wird der Reifen, ohne das die Kinder sich loslassen, reihum weitergeführt. Dabei müssen die Spielenden durch den Reifen mit ihrem Körper. Das Ganze geht so lange, bis der Reifen wieder dort ankommt, wo das Spiel angefangen hat.

Balanciere auf dem Tennisball

Altersempfehlung: ab 10 Jahren
Indoor oder Outdoor

Materialien:
- pro Person zwei Tennisbälle

Alle bekommen von euch zwei Tennisbälle. Nun soll es gelingen, dass alle gemeinsam als Gruppe für mindestens drei Sekunden auf den beiden Tennisbällen zu stehen, ohne dabei den Boden zu berühren. Wie, bleibt den Spielenden überlassen.

Der Boden ist Lava

Altersempfehlung: ab 8 Jahren
Indoor

Materialien:
- zwei Matten

Teilt eure Meute zunächst in zwei Teams auf. Die Teams stellen sich auf die eine Seite des Raums und bekommen jeweils eine Matte. Nur mithilfe dieser müssen sie auf die andere Seite kommen und das, ohne den Boden zu berühren, denn dieser besteht aus Lava. Kommunikation innerhalb der Teams ist hierbei das A und O um den Sieg für sich zu gewinnen.

Der elektrische Draht

Altersempfehlung: ab 8 Jahren
Indoor oder Outdoor

Materialien:
- ein Seil
- Bäume oder Stangen

Zwischen zwei Stangen oder Bäumen wird ein Seil auf ca. einem Meter gespannt. Die Spielenden sollen versuchen, über dieses Seil zu kommen und zwar ohne dies zu berühren. Absprache und vor allem gegenseitige Hilfestellung ist dabei besonders wichtig.

Tipp: Stoppt dabei gerne die Zeit, sodass die Teilnehmenden den Ehrgeiz haben, so schnell wie möglich über den elektrischen Draht zu kommen und ihre Bestzeit bei der nächsten Runde zu schlagen.

Die La Ola Welle

Altersempfehlung: ab 12 Jahren
Indoor oder Outdoor

Materialien:
- keine -

Die Teilnehmenden stehen sich in zwei Reihen
gegenüber und halten sich an beiden Händen. Ein
Jugendlicher steht vor dieser Schlange und muss
zwischen die beiden Reihen rennen. Dafür müssen die
Spielenden in der Reihe natürlich die Hände heben,
allerdings erst kurz bevor die rennende Person das
Paar erreicht. Dadurch entsteht dann eine perfekte La
Ola Welle.
Der Jugendliche, der gerade gerannt ist, stellt sich
hinten wieder an.

Stab kippen

Altersempfehlung: ab 14 Jahren
Indoor/Outdoor

Materialien:
- pro Person ein Holzstab

Jeder Spielende erhält von euch einen Holzstab. Dieser
darf nur mit der Handfläche berührt werden. Dazu
stehen alle Teilnehmenden im Kreis und halten die
Stange entsprechend fest. Auf euer Kommando
müssen alle die Stange loslassen und im Uhrzeigersinn
die Stange des Nachbarn vor dem sicheren Fall retten.
Wie oft schafft ihr es nacheinander, ohne dass auch
nur eine Stange auf den Boden fällt?

Tipp: Erschwert das Spiel gerne ab dem zweiten
Durchgang, indem die Jugendlichen nicht reden und
den Stab nur mit einem Finger berühren dürfen.

Gruppen-Gewusel

Altersempfehlung: ab 6 Jahren
Indoor oder Outdoor

Materialien:
- Musik

Die Teilnehmenden laufen zur Musik willkürlich durch den Raum. Hüpfen, rennen und tanzen ist dabei gern erlaubt. Dann ruft jemand aus der Leitung eine Zahl und die Kinder müssen sich als diese Gruppengröße zusammenfinden.
Als Nächstes bekommen die Gruppen noch aufgaben, z.B. nur das rechte Bein darf auf dem Boden stehen. Dabei können und sollen sich die Spielenden gegenseitig helfen, um die Aufgabe möglichst lange durchzuhalten.

Tipp: Je älter die Kinder sind, desto schwieriger dürfen die Aufgaben sein, z.B. dass neben Füßen auch bestimmte Hände den Boden berühren müssen.

Der Zauberstab

Altersempfehlung: ab 6 Jahren
Indoor oder Outdoor

Materialien:
- leichte Stange

Die Kinder stehen sich in zwei Reihen gegenüber und strecken die Zeige- und Mittelfinger ihrer Hände nach vorn. Auf diese wird nun von euch eine leichte Stange gelegt. Diese soll nun vorsichtig auf den Boden kommen und zwar ohne dass eines der Kinder den Kontakt zu der Stange verliert.

Vierbein-Parcours

Altersempfehlung: ab 10 Jahren
Indoor oder Outdoor

Materialien:
- Parcours-Hindernisse

Baut zunächst einen Hindernisparcours auf. Dann wird die Gruppe in Dreierteams aufgeteilt. Diese müssen nun gemeinsam durch den Parcours, allerdings mit einer kleinen Schwierigkeit: Zwei Teilnehmende müssen dabei nämlich außen stehen und die dritte Person muss auf jeweils einem Fuß der äußeren Personen stehen. Dieser Spielende darf also nicht den Boden berühren.
Ziel ist es, dass alle einmal durch den Parcours kommen, ohne dass die mittlere Person den Boden berührt.

Der Sitzkreis

Altersempfehlung: ab 12 Jahren
Indoor oder Outdoor

Materialien:
- keine -

Die Jugendlichen stellen sich für dieses Spiel in einen Kreis ganz dicht hintereinander auf. Auf ein Kommando müssen alle versuchen, sich gleichzeitig au den Oberschenkel der hinteren Person zu setzen. Das wird vermutlich einige Minuten dauern. Anschließend darf die Gruppe gerne noch versuchen, sich zu bewegen und zu drehen.

Spiele für kleine Gruppen

Der falsche Affe

Altersempfehlung: ab 6 Jahren
Indoor oder Outdoor

Materialien:
- Ziellinie

Ein Kind steht vor all den anderen Teilnehmenden, welche in einer Reihe stehen. Hinter dem Affen ist eine Ziellinie. Das einzelne Kind ist der Affe und macht lustige Bewegungen vor, die von den anderen Teilnehmenden nachgemacht werden. Sobald der Affe jedoch den Boden mit den Händen berührt, muss es eines der Kinder fangen, bevor diese über die Ziellinie und dort in Sicherheit sind. Wird jemand gefangen, ist dieses Kind nun der Affe.

Streichholz-Geschicklichkeit

Altersempfehlung: ab 6 Jahren
Indoor oder Outdoor

Materialien:
- eine Flasche
- Streichhölzer

In die Mitte der Gruppe wird eine Flasche gestellt. Auf dieser Flasche muss nun reih um jeder Teilnehmende ein Streichholz legen. Sobald ein Streichholz runterfällt oder die Flasche umkippt, hat die dafür verantwortliche Person verloren.

Verschränkte Arme

Altersempfehlung: ab 8 Jahren
Indoor oder Outdoor

Materialien:
- keine -

Die Kinder sitzen mit dem Rücken zueinander auf dem Boden, gerne auch im kleinen Kreis. Dann werden die Arme eingehakt. Sie müssen nun versuchen, irgendwie aufzustehen. Dabei müssen die Arme stets ineinander verankert bleiben.

Tipp: Stoppt für den Ansporn gerne die Zeit und führt mehrere Durchgänge durch, um eine Bestzeit zu erzielen.

Flachwitz-Challenge

Altersempfehlung: ab 14 Jahren
Outdoor

Materialien:
- Flachwitze
- Wasser

Alle Teilnehmenden setzen sich mit etwas Abstand gegenüber. Nun nehmen diese einen Schluck Wasser in den Mund und müssen diesen in sich behalten, während ihr Flachwitze vorlest. Wer als Letztes das Wasser noch im Mund hat, hat gewonnen.
Anspucken ist übrigens nicht erlaubt, daher ist ausreichend Abstand notwendig.

Gegenstand erraten

Altersempfehlung: ab 10 Jahren
Indoor oder Outdoor

Materialien:
- keine -

Eine Person denkt sich einen Gegenstand aus. Durch
Ja- und Nein-Fragen der anderen muss erraten
werden, um welchen Gegenstand es sich handelt. Die
Person, die als erstes errät, um welchen Gegenstand
es sich handelt, hat gewonnen.

Wortketten

Altersempfehlung: ab 12 Jahren
Indoor oder Outdoor

Materialien:
- keine -

Eine Person beginnt mit einem zusammengesetzten
Wort, z.B. "Parkhaus". Der nächste Teilnehmende ist
dran und muss aus dem letzten Wort ein neues
zusammengesetztes Wort bilden, hier also z.B.
"Haustür". Spielt so lange weiter, bis euch nichts mehr
einfällt.

Diktierter Aufstand

Altersempfehlung: ab 8 Jahren
Indoor oder Outdoor

Materialien:
- keine -

Jemand von den Teilnehmenden liegt mit dem Bauch auf dem Boden. Von den anderen Spielenden muss nun eine Person beschreiben, wie die liegende Person aufstehen soll und zwar Schritt für Schritt. Dabei müssen die genauen Anweisungen befolgt werden.

Schaumstoff-Tasten

Altersempfehlung: ab 6 Jahren
Indoor/Outdoor

Materialien:
- ein Schläger (o.Ä.) aus Schaumstoff
- Augenbinde

Einer der Spielenden bekommt die Augen verbunden und bekommt etwas aus Schaumstoff in die Hand. Die anderen dürfen sich dann im Raum verteilen. Das Kind mit den verbundenen Augen muss nun die anderen mithilfe des Schaumstoff-Gegenstandes ertasten. Diese dürfen sich natürlich nicht von ihrem Fleck wegbewegen.

Münze schnipsen

Altersempfehlung: ab 10 Jahren
Indoor oder Outdoor

Materialien:
- eine Münze
- ein Tisch
- ein Becher

In die Mitte des Tisches wird ein Glas oder ein Becher
gestellt. Reih um versuchen die Teilnehmenden nun,
eine Münze hinein zu schnipsen. Ihr könnt dann
entweder kleine Belohnungen bei einem Erfolg
verteilen (z.B. Bonbons) oder aber die Teilnehmenden
in einer bestimmten Zeit gegeneinander antreten
lassen und die Punkte hierbei zählen. Die Person mit
den meisten Punkten hat dann am Ende gewonnen.

Der lange Satz

Altersempfehlung: ab 8 Jahren
Indoor oder Outdoor

Materialien:
- keine -

Jemand von euch beginnt mit einem Satz und dieser
muss dann der Reihe nach immer weiter fortgesetzt
werden. Hier ein Beispiel: Ich. Ich ging. Ich ging heute.
Ich ging heute Nachmittag. Ich ging heute Nachmittag
zum. Ich ging heute Nachmittag zum Schwimmbad.
Dieses Spiel könnt ihr beliebig lange spielen, bis
jemand einen Fehler in der Reihenfolge macht.

Spiele für große Gruppen

Grummel Grummel!

Altersempfehlung: ab 10 Jahren
Indoor

Materialien:
- eine Münze

Alle Spielenden nehmen die Hände unter den Tisch, bis auf eine Person. Unter diesen Kindern wird eine Münze heimlich hin und her gegeben und dabei dürfen die Spielenden durchgehend "Grummel Grummel" sagen. Sobald der einzelne Spielende ein "Stopp-Kommando" gibt, müssen alle Hände flach auf den Tisch gelegt werden und das Gegrummel erlischt. Die einzelne Person darf nun noch zwei weitere Kommandos geben, um zu erraten, bei wem die Münze ist. Beispielsweise "stiller Fuchs" oder "Faust". Nun muss der Spielende erraten, wer die Münze hat.

Ballonflug

Altersempfehlung: ab 6 Jahren
Indoor oder Outdoor

Materialien:
- Luftballons

Die Kinder tun sich zu zweit zusammen. Jedes Zweierteam erhält nun von euch einen aufgepusteten Luftballon. Auf los geht es los! Die Teilnehmenden müssen versuchen, den Ball in der Luft zu behalten, dürfen dazu jedoch nicht ihre Hände benutzen. Kopf, Ellenbogen und Füße sind jedoch erlaubt.
Sobald der Ballon auf den Boden aufkommt, scheidet das Team aus. Wer hält den Ballon am längsten in der Luft?

Hände zählen

Altersempfehlung: an 8 Jahren
Indoor oder Outdoor

Materialien:
- Augenbinden

Die Gruppe wird in Teams mit ca. acht Personen
aufgeteilt. In jeder Gruppe stellt sich nun jemand in die
Mitte. Dieses Kind bindet sich nun eine Augenbinde
um. Die anderen legen nun ihre Hände an den Körper
der in der Mitte stehenden Person. Diese muss nun
erraten, wie viele Hände sie wo anfassen.

Tipp: Mit Kreppband könnt ihr Tabu-Zonen markieren.

Schnapp!

Altersempfehlung: ab 12 Jahren
Indoor oder Outdoor

Materialien:
- eine Münze
- ein Tischtennisball

Teilt die Gruppe in zwei Teams auf. Jedes Team setzt sich in einer Kette aneinander. Auf der einen Seite wird einer der leitenden Personen eine Münze werfen, welches nur die beiden vordersten Personen der Kette sehen dürfen, der Rest schaut in die andere Richtung. Sobald Kopf geworfen wurde, müssen die beiden vordersten Personen eine Händedruck weiter geben, der dann bis an das andere Ende weitergegeben wird. Nun müssen diese Jugendlichen schnell sein, denn sobald der Händedruck ankommt, stürmen sie zu einem Ball, der in dem Raum platziert wurde, los. Wer als Erstes ankommt, holt ein Punkt für sein Team. Nun wird durchrotiert, bis jeder einmal den Ball schnappen musste.

Ying-Yang-Buff

Altersempfehlung: ab 14 Jahren
Indoor

Materialien:
- Stühle

Setzt euch in einen Stuhlkreis, ein Teilnehmender beginnt und sagt "Ying". Der davon rechte Mitspielende sagt nun "Yang". Davon die rechte Person sagt "Buff" und zeigt dabei auf eine andere Person und die Reihenfolge geht von vorne los. Macht nun jemand einen Fehler, muss die Person aus dem Stuhlkreis heraus, darf die anderen aber durch singen, klatschen oder Reinrufen aus dem Rhythmus bringen.

Tipp: Lasst euch noch unterschiedliche Reihenfolgen einfallen, um die Schwierigkeit zu steigern.

Winter ade!

Altersempfehlung: ab 8 Jahren
Indoor oder Outdoor

Materialien:
- keine -

Ihr wählt zwei Fänger aus. Diese sind der Winter und müssen die anderen durch einfangen zum Erfrieren bringen. Die gefangenen Kinder bleiben auf der Stelle wie angefroren stehen. Zwei andere Kinder müssen nun zur Hilfe eilen und den Eingefrorenen wieder auftauen, indem sie den linken und rechten Oberarm warmrubbeln. Dabei rufen sie "Winter ade!"

Schnürchen-Hüpfen

Altersempfehlung: ab 10 Jahren
Indoor

Materialien:
- eine 40 cm lange Schnur pro Kind

Jeder Spielende bekommt eine Schnur, welche sich in eine Socke gesteckt wird. Dabei schaut der längere Teil nach draußen. Auf diesem einen Bein wird nun umhergehüpft und versucht, auf die Schnur eines anderen Mitspielenden zu treten. Gelingt dies, bekommt die Person die Schnur und steckt sie sich ebenfalls in die Socke.
Wer hat am Ende die meisten Schnürchen in der Socke?

Klau die Wäscheklammern

Altersempfehlung: ab 8 Jahren
Indoor oder Outdoor

Materialien:
- Wäscheklammern

Verteilt an jeden Spielenden drei Wäscheklammern,
welche gut sichtbar an der Kleidung befestigt werden.
Die Teilnehmenden müssen nun versuchen, möglichst
viele Klammern der anderen zu klauen und an ihrer
eigenen Kleidung zu befestigen. Wer am Ende die
meisten Klammern hat, gewinnt.

Fröhlich im Abfalleimer

Altersempfehlung: ab 12 Jahren
Indoor

Materialien:
- Zettel
- Stifte

Jeder Teilnehmende bekommt zwei Zettel und einen Stift. Auf dem einen Zettel wird ein Gegenstand aufgeschrieben, auf dem anderen ein Adjektiv. Nun werden die Jugendlichen in gleichgroße Gruppen aufgeteilt, ziehen jeweils blind einen Zettel von den Gegenständen und einen von den Adjektiven und müssen diesen nun gemeinsam pantomimisch darstellen.
Das Gegnerteam, welches die Wort-Konstellation als erstes errät, bekommt einen Punkt.

Zimmer zu vermieten!

Altersempfehlung: ab 8 Jahren
Indoor

Materialien:
- eine Zeitungsseite pro Kind

Jeder Teilnehmende bis auf eine Person erhält eine Zeitungsseite, auf die sich alle jeweils stellen. Dann ruft der Mitspielende ohne Zeitung "Zimmer zu vermieten!" und alle, einschließlich der Person welche gerufen hat, müssen sich ein neues Zimmer suchen, also die eigene Zeitung für eine andere verlassen. Stellt euch also mit den Zeitungen möglichst weit auseinander. Die Person, welche kein Zimmer (also keine Zeitung) ergattern konnte, muss als Nächstes rufen.

Entspannungsspiele

Weg erträumen und danach gehen

Altersempfehlung: ab 8 Jahren
Indoor oder Outdoor

Materialien:
- keine -

Alle Teilnehmenden ziehen Schuhe und Socken aus.
Dann beginnt jemand von euch, eine kleine Geschichte
zu erzählen, z.B.: "Stellt euch vor, ihr steht auf einer
warmen Sommerwiese. Eure Augen sind geschlossen
und ihr tastet euch mit den Füßen langsam voran. Mit
den Zehen spürt ihr das Gras unter euren Füßen, wie
es hin und her wiegt. Du gehst weiter durch einen
Wald, spürst Stöcke und auch Lauf auf dem Boden. ..."
Ihr könnt diese Dinge entweder in echt erleben, die
Kinder so empfinden und sich vorstellen lassen oder in
einem Raum dazu passende Gegenstände auf den
Boden legen.

Die Jahreszeitenblume

Altersempfehlung: ab 6 Jahren
Indoor

Materialien:
- keine -

Setzt euch zusammen in einen Sitzkreis, allerdings
nicht zu eng aneinander, sodass ihr noch genug Platz
habt, um euch zu bewegen. Dann stellt ihr die
Jahreszeiten und das Stadium der Blume vor, welche
die Mitspielenden dann selbst nach- bzw. mitmachen.
Winter: klein, schwach, liegend auf dem Boden
Frühling: erwacht langsam zum Leben und streckt sich
Sommer: blüht in voller Pracht, ist ganz groß
Herbst: zieht sich langsam wieder zurück, zieht sich
ein, wird kleiner

Tipp: Gerne könnt ihr euch auch Tiere und dazu
passende Bewegungen zu den Jahreszeiten überlegen.

Tennisballmassage

Altersempfehlung: ab 10 Jahren
Indoor

Materialien:
- Tennisbälle

Die Teilnehmenden tun sich zu zweit zusammen. Ein Teilnehmender von beiden legt sich auf den Boden, die andere Person massiert den auf dem Boden liegende mit einem Tennisball. Gerne dürfen auch Buchstaben, Zahlen oder ganze Wörter mit dem Tennisball in den Rücken einmassiert werden, woraufhin die massierte Person erraten muss, um welchen Buchstaben, welche Zahl oder welches Wort es sich handelt.

Schwerelos

Altersempfehlung: ab 14 Jahren
Indoor

Materialien:
- Decken

Die Teilnehmenden tun sich in Fünfergruppen zusammen. Jede Gruppe bekommt nun eine Decke, welche glatt auf den Boden gelegt wird. Ein Jugendlicher legt sich rein, die anderen heben die Decke an und schaukeln sie leicht, sodass ein Gefühl der Schwerelosigkeit und Entspannung entsteht. Nach einer Minute wird dann gewechselt, sodass jede*r einmal an der Reihe ist.

Hot Stone

Altersempfehlung: ab 12 Jahren
Indoor und Outdoor

Materialien:
- Steine
- Handcreme
- Backofen

Sucht draußen möglichst platte Steine, wascht sie gut ab und legt sie bei 160 Grad für 10 Minuten in den Backofen. Dann werden sie mit einer Handcreme eingeschmiert und ihr behaltet diese für einige Minuten in der Hand. Dabei dürft ihr gerne die Augen schließen und euch Geschichten erzählen oder beiläufig Musik zum Meditieren lauschen.

Luftballon

Altersempfehlung: ab 6 Jahren
Indoor oder Outdoor

Materialien:
- Musik

Bei diesem Spiel stellen sich die Kinder vor, sie seien ein Luftballon. Mit jedem Atemzug bläst der Ballon sich auf und schwebt etwas durch den Raum. Beim Ausatmen wird er kleiner und bleibt stehen. Das geht dann immer so weiter. Lasst dazu doch entspannende Musik laufen. Achtet außerdem darauf, dass die Teilnehmenden sich hierbei frei durch den Raum bewegen können.

Wolkengeschichten

Altersempfehlung: ab 8 Jahren
Outdoor

Materialien:
- keine -

Legt euch draußen zusammen auf den Boden, am besten in das weiche Gras. Schaut in den Himmel und beobachtet die Wolken. Der Reihe nach darf nun jeder etwas zu einer Wolke erzählen, allerdings so, dass daraus eine Geschichte entsteht.
Was könnt ihr in den Wolken sehen und erkennen?
Achtet auf die verschiedenen Formen und ob es Figuren dort oben am Himmel zu erkennen gibt.

Der Entspannungshaufen

Altersempfehlung: ab 10 Jahren
Indoor

Materialien:
- Sandsäcke
- Plastiktiere
- Kissen
- Muscheln

Hierbei tun sich die Teilnehmenden zu zweit zusammen. Ein Kind legt sich hin und schließt die Augen und das andere legt viele verschiedene angenehme Gegenstände auf den Partner oder die Partnerin. Sind alle Gegenstände platziert, wird bis 10 gezählt und das liegende Kind langsam wieder befreit. Dann wird gewechselt.

Tipp: Gerne könnt ihr daraus auch eine Raterunde machen, sodass die Kinder erraten müssen, welche Gegenstände auf ihnen liegen.

Alle aufwachen!

Altersempfehlung: ab 10 Jahren
Indoor

Materialien:
- Tische
- Stühle

Ein Fünftel eurer Gruppe geht nach vorne, während sich die anderen mit dem Kopf auf den Tisch legen und die Augen schließen. Die fünf warten nun noch kurz und dürfen eine beliebige "schlafende" Person anstupsen. Dann wird noch mal kurz gewartet und alle erwachen bei dem Kommando "Alle aufwachen!" wieder. Wer angestupst wurde hebt die Hand und muss erraten, wer ihn angetippt hat. Liegt der Jugendliche richtig, darf er in der nächsten Runde jemand anderen anstupsen.

Beine heben

Altersempfehlung: ab 8 Jahren
Indoor oder Outdoor

Materialien:
- keine -

Alle stehen entspannt auf beiden Beinen. Dann gebt
ihr den Ton an, was gemacht wird: Das Gewicht wird
erst auf das linke und dann auf das rechte Bein
verlagert. Zwischen diesen beiden Phasen, also wenn
das Gewicht gleichermaßen verteilt ist, halten alle zwei
Sekunden inne.
Nach jedem Durchgang müssen die Beine immer ein
Stückchen weiter angehoben werden. Wer es
irgendwann nicht mehr schafft, scheidet auf. Die
Person, die dann als Letztes übrig bleibt, hat
gewonnen.

Sinnesspiele

Geräusche raten

Altersempfehlung: ab 14 Jahre
Indoor oder Outdoor

Materialien:
- keine -

Alle liegen zusammen auf dem Boden, schließen die Augen und achten nur darauf, was zu hören ist. Jemand aus der Gruppe darf nun ein Geräusch machen und die anderen müssen erraten, um welches Geräusch es sich handelt.

Tipp: Ihr könnt die Kinder auch in Teams einteilen und gegeneinander Spielen und Punkte sammeln lassen.

Fotoapparat

Altersempfehlung: ab 8 Jahren
Indoor oder Outdoor

Materialien:
- Augenbinden

Die Gruppe wird in Zweierteams aufgeteilt. Einer Person werden die Augen verbunden, die andere Person legt ihre beiden Hände auf die Schultern und führt den vorübergehend erblindeten. Nun gehen die beiden los und suchen sich ein schönes Objekt zum Ablichten. Dazu wird dann die Augenbinde abgenommen, ein Knipsgeräusch wird erzeugt und die Augenbinde wieder aufgesetzt. Fünf Fotos werden so "geschossen", bis dann abgewechselt wird.

Mäuschen im Dunkeln

Altersempfehlung: ab 12 Jahren
Indoor

Materialien:
- dunkler Raum

Ihr bestimmt einen oder zwei Suchende, die kurz den Raum verlassen. Der Rest versteck sich. Nun wird der Raum abgedunkelt und die Suchenden wieder hereingebeten. Mit dem Satz "Mäuschen macht mal Piep" müssen sie hören, aus welchen Ecken nun das Piepen kommt. Je größer die Gruppe, desto mehr wird gepiept und desto schwieriger wird es, die Mäuse zu finden. Hier ist also ein besonders feinfühliges Gehör gefragt.

Barfußstraße

Altersempfehlung: ab 6 Jahren
Indoor

Materialien:
- verschiedene Gegenstände
- dünne und blickdichte Tücher (z.B. Geschirrtücher)

Vorab habt ihr einen kleinen Pfad aus verschiedenen
Gegenständen gebaut, welche mit Handtüchern gut
verdeckt sind. Die Teilnehmenden ziehen nun Socken
und Schuhe aus und laufen über diesen Weg. Am Ende
dürfen die Kinder raten, wo sie über was gelaufen sind.
Gerne dürfen sie dafür immer wieder über diese
Stellen laufen.
Wer errät die meisten Gegenstände und hat das beste
Gespür im Fuß?

Schnupperduft

Altersempfehlung: ab 10 Jahren
Indoor

Materialien:
- Filmdosen mit Gerüchen
- Zettel mit Gerüchen darauf

Teilt die Gruppe in gleichgroße Teams auf, sodass aber in jeder Gruppe mindestens vier Teilnehmende sind. Auf der einen Seite des Raums platziert ihr nummerierte Filmdosen, in denen Gerüche sind (z.B. Vanille, Essig, Cola, Apfel, Minze). Die Kinder erhalten nun Zettel, auf denen die Nummern der Filmdosen stehen. Der Reihe nach rennt nun jedes Kind zu einer Filmdose, riecht daran, kommt zurück und muss auf dem Zettel der Nummer schreiben was es glaubt gerochen zu haben.
Welches Team als erstes fertig ist und die meisten richtigen Ergebnisse hat, gewinnt.

Rückenmalerei

Altersempfehlung: ab 10 Jahren
Indoor

Materialien:
- Augenbinden für jede Person
- Stühle

Setzt euch zusammen in einen Stuhlkreis und
verbindet euch die Augen. Eine Person beginnt und
muss dem rechten Nachbarn etwas Einfaches auf den
Rücken malen (z.B. eine Form). So geht es nun im Kreis
immer weiter, bis die Rückenmalerei dann auch bei
der letzten Person angekommen ist. Kann diese
erraten, was ganz zu Beginn von der Person rechts
neben ihr gemalt wurde?
Macht mehrere Durchgänge, dass viele
Teilnehmenden einmal die Möglichkeit bekommen,
sich etwas auszudenken und zu malen.

Meister*in der Tarnung

Altersempfehlung: ab 8 Jahren
Outdoor

Materialien:
- Naturmaterialien

Geht gemeinsam in einen Wald. Dort sollen sich alle
bis auf zwei Spielende gut verstecken. Allerdings nicht
auf normale Weise, sondern z.B. unter Laub, farblich
zu ihren Klamotten getarnt, an einem Baumstamm
oder was euch sonst noch einfällt. Außerdem muss das
so geräuschlos wie möglich passieren, um nicht sofort
entdeckt zu werden.
Die Suchenden müssen dann gute Augen und ein gutes
Gehör haben. Finden sie alle getarnten Mitspielenden?

Tipp: Vielleicht habt ihr ja sogar die Möglichkeit, dazu
vorher farblich passende Kleidung anzuziehen und
eure Gesichter farblich passend zu bemalen.

Gefühls-„Merk es dir"

Altersempfehlung: ab 6 Jahren
Indoor

Materialien:
- blickdichte Jutesäcke
- kleine Gegenstände (doppelte Ausführung)

In mehreren Jutesäcken legt ihr jeweils unterschiedliche Gegenstände. Allerdings muss jeder Gegenstand zweimal vorkommen, sodass ein Merk-Spiel entsteht. Wie auch bei einem normalen Merkspiel spielt ihr nun das Spiel und die Kinder dürfen der Reihe nach zwei Jutesäcke aussuchen und erfühlen. Meinen sie dann ein Pärchen zu haben, dürfen sie hineinschauen. Lagen sie richtig, dürfen sie den Jutesack behalten und gewinnen dadurch einen Punkt. Falls nicht, wird das Säckchen wieder gut zugeschnürt und zurückgelegt.
Wer am Ende die meisten Paare gefunden hat, gewinnt das Spiel.

Barmixer

Altersempfehlung: ab 12 Jahren
Indoor

Materialien:
- Becher
- verschiedene Getränke (z.B. Säfte, Sirup, Wasser, Eistee)
- Zettel
- Stifte

Die Gruppe teilt sich nun in zwei Teams auf. Das eine Team geht vor die Tür, während das andere Team aus drei Zutaten jeweils einen Drink mixen darf. Alle Zutaten stehen dazu gut sichtbar in der Nähe der Drinks. Das erste Team kommt nun wieder rein und jeder aus dem Team bekommt ein Getränk. Nun muss es erraten, welche Zutaten hineingemixt wurden. Insgesamt dürfen fünf Zutaten aufgeschrieben werden, von denen eben drei stimmen sollten, um drei Punkt und somit die volle Punktzahl für das getrunkene Getränk zu bekommen. Pro richtig erratene Zutat bekommt das Team also einen Punkt. Zählt am Ende die Punkte zusammen. Dann wird gewechselt und das andere Team ist mit Mixen bzw. eben mit dem Erraten der Zutaten an der Reihe.
Das Team welches am Ende die meisten Zutaten richtig erraten hat, gewinnt.

Schnuppersuche

Altersempfehlung: ab 10 Jahren
Indoor

Materialien:
- zwei verschiedene Duftöle

Teilt die Gruppe in zwei Teams auf. Das eine Team wird mit einem beliebigen Duftöl eingerieben und darf sich nun im ganzen Gebäude verstecken. Das andere Team muss nun mithilfe des Geruchs die Versteckten suchen. Können sie alle finden?
Anschließend wird gewechselt. Dann bekommt das andere Team ein anderes Duftöl und ist mit dem Verstecken an der Reihe, während die anderen mit dem Suchen dran sind. Achtet hierbei ggf. auf Allergien gegen Inhaltsstoffe der Duftöle.